S.E.R.

Sinta... Explore...

Realize suas potencialidades

Cristiane Saad

S.E.R.

Sinta... Explore...
Realize suas potencialidades

MADRAS BUSINESS

© 2000, Madras Editora Ltda.

Editor:
Wagner Veneziani Costa

Produção e Capa:
Equipe Técnica Madras

Ilustração da Capa:
Equipe Técnica Madras

Fotografia da Capa:
Alvaro Toledo Leme

Revisão:
Adriana Bairrada

ISBN 85-7374-397-2

Proibida a reprodução total ou parcial desta obra, de qualquer forma ou por qualquer meio eletrônico, mecânico, inclusive através de processos xerográficos, sem permissão expressa do editor (Lei nº 9.610, de 19.2.98).

Todos os direitos desta edição, para a língua portuguesa, reservados pela

MADRAS EDITORA LTDA.
Rua Paulo Gonçalves, 88 — Santana
02403-020 — São Paulo — SP
Caixa Postal 12299 — CEP 02098-970 — SP
Tel.: (0_ _11) 6959.1127 — Fax: (0_ _11) 6959.3090
http://www.madras.com.br

Agradecimentos

Deus, não encontro palavras para expressar minha gratidão!

Mãe, obrigada por me mostrar que o autoconhecimento não é um caminho solitário.

Pai, obrigada por me ensinar que cada chegada é o início de uma nova jornada!

Obrigada a todos os autores, mestres e professores que me inspiraram com suas palavras.

Muito obrigada aos ouvintes, por compartilharem seus maravilhosos exemplos de vida.

E para finalizar, gostaria de agradecer àqueles que me acompanharam e me acompanham no meu caminho e que, com seu jeito único e singular de ser, contribuíram para a realização deste livro!

Amo vocês!!!

Cris

Índice

Prefácio 9
1. Misteriosa Vida! 13
2. Detetive de Si Mesmo 23
3. Procurando Novas Pistas 31
4. Segredos Não Revelados 41
5. Detectando Potencialidades 55
6. Cuidado com as Falsas Evidências! 69
7. Investigue-se Mais! 83
8. A Grande Revelação 93
9. (…) 103
Dicas para a sua Biblioteca 107

Prefácio

"*Nada podes ensinar a um homem. Podes somente ajudá-lo a descobrir as coisas dentro de si mesmo.*"

Galileu

A leitura prazerosa dessa agradável obra me faz sentir honrado em dedicar-lhe estas palavras. Este livro *S.E.R. Sinta... Explore... Realize suas potencialidades* é uma obra agradável e profunda que a minha amiga Cristiane Saad realizou. Fácil de ler e estimulante de se refletir. Contém metáforas poderosas e testemunhos de vida bem pragmáticos.

Todo mundo gosta de metáforas, e eu também. Metáforas têm sido uma das maneiras mais eficazes de transmitir conhecimentos e valores em profundidade e têm sido usadas com sucesso, desde o início da nossa civilização.

Cada uma delas tem uma qualidade especial; se forem lidas de maneira certa, causarão um crescimento significativo na sua qualidade de vida. Como se lê uma metáfora? Podemos lê-las de três maneiras diferentes:

1. Leia a metáfora uma só vez e, em seguida, passe para a seguinte. Com tal tipo de leitura, você terá apenas um bom divertimento momentâneo, uma crítica arrogante e superficial.

2. Leia cada metáfora duas vezes. Reflita sobre ela. Aplique ou correlacione-a com a sua vida ou com o momento que você está vivendo agora. Este tipo de leitura lhe dará um certo sabor de conhecimento.

3. Leia cada metáfora mais de uma vez, depois de ter refletido sobre ela. Procure se manter em silêncio interior a fim de que a metáfora possa revelar todo o seu sentido e profundidade de conteúdo. Perceberá, com esta prática, que seu significado vai além das palavras e das reflexões. Este método lhe dará o gosto da sabedoria.

Você pode também levar a metáfora com você, pelo dia afora, permitindo que ela o envolva como um suave perfume positivo. Deixe que ela lhe fale mais ao coração do que ao cérebro, porque é por aí que a sabedoria vai lhe aflorar. Permita-me, então, compartilhar com você uma outra metáfora:

Por favor, por favor! — exclamou um peixe do mar a outro peixe mais velho.

Você que deve ter mais experiência, talvez possa me ajudar... então me diga: onde posso encontrar a coisa imensa e rica que chamam de oceano? Em toda parte venho buscando e procurando sem sucesso.

— Mas é precisamente no oceano que você está nadando! — disse o mais velho.

— Ora bolas... é isso!? Mas é pura e simplesmente água! — disse o mais jovem — você não entendeu... o que procuro é o graaande Oceano!! — E lá se foi ele, nadando, muito desapontado e chateado, a buscar, ansiosamente, noutra parte.

Percebe-se que as pessoas continuam interessadas no "porquê" e no "como" do comportamento humano e na busca de um sentido para sua existência ou algo que possa referir como "sucesso".

Mas a resposta, secular, continua a mesma: a qualidade começa com a iniciativa de cada um de nós. O caminho para, pelo reconhecimento das atitudes reativas e infantis de depender dos outros para alcançarmos o que queremos, é amadurecermos para as atitudes proativas de assumirmos a responsabilidade e os custos de realizar o que queremos. Mas, apesar de secular estas orientações dos nossos antigos mestres, ainda estamos perdendo um tempo e recursos valiosos tentando achar alternativas para obtermos o que queremos sem pagar o seu preço (lembra a nossa lei de "Gerson", não é?).

Gostei da homenagem da Cristiane ao velho sábio Lao Tse: "Aquele que obtém uma vitória sobre outros homens é um forte; porém, quando consegue vencer a si mesmo, é todo poderoso."

Acredito que este livro possa ser usado como texto ou como guia de estudos para aqueles que estão interessados na melhoria da sua qualidade de vida e na busca do verdadeiro sucesso humano.

Convido-o a ler este livro com isenção e, espero, que possa tirar bom proveito das grandes oportunidades que estão espalhados neste livro. Estudar e agir (fazer algo diferente) são os segredos do sucesso!

E a você, Cristiane, meu carinho e admiração!

Dr. Tom Chung
Autor de *A Qualidade Começa em Mim*

Misteriosa Vida!

Desde pequena, este tema me fascina! Sempre me questionei o *porquê* de algumas pessoas terem uma vida melhor do que outras. E como sempre fui uma daquelas crianças "pentelhas", que enquanto não tinham uma resposta plausível não paravam de perguntar, consegui ter acesso a várias explicações do tipo: "Ah, ele tem uma vida boa por causa da educação dos pais", ou então: "Bem, ela é bem-sucedida porque nasceu em berço de ouro" ou até mesmo: "Aquele cara é muito sortudo, foi pura sorte!". Tais explicações não saciavam as minhas dúvidas. Até porque ao aceitar a idéia de que o resultado da minha vida era determinado pelo que os meus pais fizeram ou deixaram de fazer, pela hereditariedade ou por uma sorte inexplicável, minha biografia seria a história de uma vítima. E não era isso o que queria! Precisava encontrar, então, uma forma de realizar a minha própria História de Vida, e uma vida bem-sucedida!

Continuei persistindo em compreender *por que* algumas pessoas tinham uma vida melhor do que outras. Acredito ter sido esse um dos motivos que contribuíram para minha escolha em estudar Psicologia. Pois assim, quem sabe, compreendendo melhor o comportamento humano, eu estaria próxima de desvendar os mistérios por trás da nossa autobiografia.

Nesse estimulante estudo, tive acesso a importantes teorias sobre o desenvolvimento humano, o que me proporcionou criar várias idéias sobre o *porquê* de algumas pessoas terem uma vida melhor, ou como os meus professores diziam, "mais ajustadas" do que as outras.

No entanto, todas essas idéias me foram muito úteis para dar conselhos às amigas pelo telefone, me intrometer de forma mais intelectualizada nas brigas de família e dar desculpas mais sofisticadas para as minhas próprias loucuras. Mas percebi que saber apenas o *porquê* das coisas não me ajudava a realizar a minha própria História de Vida e por um bom tempo me sentia como o filósofo, na seguinte história:

Um filósofo pediu carona para um humilde pescador e começou ao longo do caminho a interrogá-lo com perguntas como:

— Você conhece história da arte?

E o pescador respondeu:

— Ah, doutor, nós 'sabe' de umas histórias, mas não 'sabe' se é da arte não.

O filósofo riu e disse:

— É uma pena. Porque seria muito bom para a sua vida se você soubesse história da arte.

O filósofo insistiu:

— Por acaso você sabe psicologia?

— Que é isso doutor?

— Ah, é uma pena. Porque seria muito bom para a sua vida se você soubesse psicologia.

O filósofo continuou então, ao longo do caminho, questionando sobre física, química, biologia... O humilde pescador em todas as questões respondia que não sabia. E o filósofo, então, se gabando do seu conhecimento, sempre afirmava:

— É uma pena porque seria muito importante para a sua vida.

Depois de algum tempo começou uma tempestade e antes de o barco virar, o pescador perguntou:

— Por acaso o senhor sabe nadar?

O filósofo, assustado, respondeu:

— Não!!!

E o pescador afirmou:

— Que pena, porque seria muito importante para a sua vida!

Depois de algum tempo, percebendo que as minhas idéias teóricas a respeito do porquê das coisas não eram o suficiente para realizar minha História de Vida, passei a me interrogar com uma nova questão:

"*Como as pessoas faziam para ter uma vida bem-sucedida? O que eu precisaria fazer para realizar a minha própria História de Sucesso?*"

Mergulhei, então, em uma literatura de auto-ajuda que me prometia fórmulas infalíveis para a realização de uma História de Sucesso. Durante algum tempo, lembro-me que ficava aplicando várias técnicas como falar 77 vezes ao dia a frase "Eu sou a pessoa mais importante do mundo"; escrever no papel minhas metas para daqui dez anos e lê-las todo dia ao despertar; sair cada dia da semana com a cor de roupa certa para o Universo conspirar ao meu favor... e por aí foi. Lembro-me de um dia que uma amiga chegou dizendo que havia descoberto uma oração milagrosa de um mestre e que se a lêssemos toda noite antes de dormir, 40 dias seguidos, conseguiríamos Sucesso. Na época, ela tinha colocado como suas metas triplicar o seu ganho mensal, comprar um carro importado e mudar para uma casa em um bairro melhor. No entanto, no quinto dia ela acabou desistindo de fazer a oração ao descobrir que aquele mestre, em toda a sua vida, tinha feito voto de pobreza!

Depois de não haver mais espaço em minha estante, algo começou a me incomodar nesse tipo de literatura. Geralmente, quando os autores utilizavam exemplos de pessoas bem-sucedidas, na maioria, eram pessoas de outros países. Então me indagava:

"*Como posso ter uma vida bem-sucedida no meu país, dentro do meu contexto social e econômico? Como posso conhecer as pessoas, ou melhor, os brasileiros que conseguiram fazer da sua vida uma História de Sucesso?*"

Foi assim que me inspirei para criar o programa de rádio chamado *Histórias de Sucesso*, pois era uma oportunidade para entrar em contato com brasileiros que conseguiram realizar uma vida bem-sucedida.

Ao começar esse trabalho na rádio, uma vez que os participantes contavam suas próprias histórias, pude aprender com pessoas que se consideravam um Sucesso por si mesmas; não apenas na teoria, mas com exemplos reais de vida.

Paralelamente, sempre procurei participar de cursos e palestras sobre o desenvolvimento humano. O mais interessante foi conseguir compartilhar esses momentos ao lado da minha fiel amiga de todas as horas, a senhora Cleide Gimenes Saad, ou, para ser mais específica, minha mãe. Porém, algo me chamava a atenção. Quase todas as vezes que voltávamos dos encontros, ela comentava: "Que bom que estamos tendo a oportunidade de aproveitar estes ensinamentos para realizar a nossa História de Sucesso enquanto há tempo!". Assim sendo, tomei a liberdade de solicitar a sua singela participação na realização deste livro. Em primeiro lugar, porque seu exemplo de vida foi um dos ensinamentos mais preciosos que já aprendi sobre Sucesso. E, em segundo lugar, porque ela é uma grande educadora, não apenas em sua profissão, mas no sentido original dessa palavra. Pois se educar é proveniente do latim *educare*, que significa *trazer para fora*, sem dúvida ela contribuiu para o desabrochar do potencial inato que habita em mim, o que foi de fundamental importância na realização da minha História de Vida.

Vou contar um segredinho familiar: muitas vezes minha mãe tinha mania de colar papeizinhos no espelho com palavras inspiradoras que me estimulavam a realizar os meus mais profundos ideais. Assim sendo, sua participação consistirá em permitir que eu leve até você, entre um capítulo e outro, algumas dessas doces mensagens.

Como você pôde perceber, sempre tive um interesse profundo nessa fascinante arte de viver uma vida bem-sucedida. Trilhei vários caminhos, reformulei muitas crenças, e por isso, com muita satisfação, gostaria de compartilhar com você os conhecimentos que adquiri, até então, nessa caminhada.

Portanto, nas próximas páginas você encontrará um pouco das minhas experiências pessoais, citações de pensadores e inspiradoras histórias de vida (mas, nesse caso, todas Made in Brasil!). E terá a grande oportunidade de encontrar no final de cada capítulo um espaço reservado para o seu autoconhecimento e, conseqüentemente, para a descoberta das potencialidades inerentes à única pessoa capaz de realizar a sua História de Sucesso: Você mesmo!

Mas, atenção: Essa leitura não garante uma contribuição na sua vida, a não ser que Você permita, até porque ninguém pode fazer aquilo que Você não faz por si mesmo!

Portanto, somente Você tem esse poder!

Você tem poder de decidir *o que* ler, *como* ler e principalmente *o que vai fazer* com o quer ler!

Assim, a partir de agora, eu o desafio na sua decisão em *como* ler este livro:

Eu o desafio a lê-lo, desde já, *como* uma pessoa de Sucesso!

Ops! Espere! Você pode estar pensando: "Eu?! Pessoa de Sucesso?! Até parece! Eu não consegui ter tudo o que quero, muitas vezes não me sinto feliz... Portanto, não posso me considerar uma pessoa de Sucesso, certo?".

Errado!!!

O livro que está em suas mãos foi escrito também com esse intuito, o de revelar que Sucesso não é determinado pelo que você *tem*, nem por como se *sente*, mas sim por *quem você é*!

E como uma *História de Sucesso só pode ser escrita por uma pessoa de Sucesso*, as palavras contidas nas páginas seguintes o desafiam a revelar essa *pessoa* que vive em *Você*!

Mas por que, então, isso é um desafio?

Porque para se conscientizar do seu próprio poder e realizar uma História de Sucesso é preciso ter coragem...

Coragem para não culpar sua família,

Coragem para não culpar o governo,

Coragem para não culpar a genética,

Coragem para não culpar a sorte,

Coragem para não culpar os relacionamentos do passado,

Coragem para não se culpar,

E, principalmente, *Coragem para Ser você!* Pois como afirmou Carl Rogers: "Não é fácil ter a coragem de Ser".

Portanto, antes de dar continuidade a essa leitura, responda sinceramente:

Eu estou com coragem de fazer da minha vida uma História de Sucesso?

(E se a reposta for *sim*... Seja Bem-Vindo!)

Minha história é grandiosa e meus horizontes se abrem cada vez mais. As personagens que compõem minha história me fortificam, despertando a perseverança e a vontade de vencer.

Detetive de Si Mesmo

Eram mais ou menos 8 horas da manhã quando cheguei à cidade de Nova York para fazer o curso que tanto queria chamado *Como ter Sucesso na Vida*. Como já estava com o programa na rádio, as pessoas me convidavam para ministrar palestras sobre *Sucesso*, mas eu não me sentia preparada, pois tinha a necessidade de adquirir mais conhecimento sobre o assunto. Fazer um curso no exterior poderia trazer o conhecimento que estava buscando.

Ao chegar no local, uma senhora muito simpática me atendeu e com um belo sorriso, avisou que o curso tinha sido cancelado. Eu, com uma expressão de desapontamento e frustração, lembro-me de que a única coisa que consegui falar foi: What? (O quê?) Não entendia o porquê de aquilo ter acontecido comigo.

Saí do local triste, desiludida, sem saber o que fazer, pois o meu principal objetivo em estar ali não tinha sido atingido. Recordei-me de duas palestras que havia assistido sobre Sucesso. Em uma, o palestrante associava o Sucesso a uma viagem. Ele dizia que para TER Sucesso era preciso saber para onde vai, criar estratégias, fazer a viagem... e chegar ao seu destino, ao resultado esperado. Naquele meu caso, eu tinha feito tudo certinho: sabia o meu destino, criei estratégias, fiz a viagem... Só que o meu objetivo não foi atingido! Na outra palestra, havia escutado que só teria Sucesso quando me sentisse feliz. Bem, não preciso nem dizer o quanto estava triste naquela situação. Então pensei: "Será que por essas definições de Sucesso agora eu devo me considerar fracassada? Quem é afinal esse tal de Sucesso?".

Saí andando pela rua refletindo sobre os últimos acontecimentos e questionando as idéias que, até então, tinha a respeito do Sucesso. Entrei em uma loja de conveniência para comprar uma água e, ao olhar para a parede, vi um quadro com a figura de um barco e embaixo estava escrito: "Success is a Journey, not a Destination" (*Sucesso é a jornada e não o Destino*). Como não acredito em *coincidências*, mas em *providências*, decidi acolher aquelas palavras como uma resposta para o meu questionamento.

Naquele momento, senti uma forte emoção e pensei: "O fato de não ter o que quero ou não estar me sentindo feliz não me torna uma fracassada". E se Sucesso é a Jornada, como disse Fernando Pessoa: "As viagens são os viajantes. O que vemos não é o que vemos, senão o que somos". Levantei a cabeça e decidi lidar com aquela situação da melhor maneira possível! Mas o que poderia fazer? Tinha me programado para ficar 15 dias fazendo um curso sobre Sucesso e, para complicar, havia me comprometido a voltar para o Brasil com minha palestra elaborada. Recordei-me de uma história que minha mãe me contara:

Dois pedreiros estavam indo trabalhar na obra da futura catedral de sua cidade.
Ao encontrarem um de seus amigos, este perguntou a eles para onde estavam indo.
O primeiro, muito mau humorado, respondeu:
— Estou indo colocar tijolo sobre tijolo para terminar aquele maldito muro!
O outro que estava ao seu lado, todo entusiasmado e com um sorriso nos lábios, respondeu:
— Eu estou indo contribuir para a edificação de uma catedral!

E ela terminara a história falando: "Filha, todo dia ao acordar você pode dar um sentido à sua vida, a escolha é sua!".

Decidi, então, lidar com aquela situação buscando um sentido construtivo. Assim, pensei: *Qual o sentido que posso dar para essa viagem a partir de agora?*

Pensei, pensei, e lembrei que essa viagem já tinha um sentido: o de adquirir conhecimentos para elaborar minha palestra! E concluí que, apesar de o resultado *ini-*

cial não ter sido atingido, nada me impedia de escolher, na mesma situação, a realização de outros resultados!

Como não poderia obter esses conhecimentos através de um curso, voltei ao hotel e me inspirei a resgatar um hábito que desde a adolescência não fazia: expressar num papel todas as idéias e emoções que borbulhariam em minha mente durante aqueles 15 dias. E comecei a escrever as minhas próprias idéias e pensamentos sobre esse tal do Sucesso.

Ao final da viagem, no meu diário de bordo, havia conseguido escrever o conteúdo da minha primeira palestra, chamada *Despertando para o Sucesso*. Ao contrário do que imaginava, essa realização foi possível não através dos ensinamentos de um curso, mas dos ensinamentos que adquiri com a minha própria experiência de vida, daquilo que eu verdadeiramente sentia!

Chegando ao Brasil, ao ministrar pela primeira vez a palestra, um advogado dirigiu-se a mim solicitando a bibliografia pela qual havia me baseado para falar, em sua definição, "palavras tão inspiradoras". Naquele momento, questionou-me se ele poderia encontrar em livros sobre o *poder da mente*. Lembro-me de que a única resposta que consegui lhe dizer foi: "se existir alguma bibliografia, com certeza, estará relacionada com o poder do coração".

A partir dessa experiência, percebi que o que mais influenciava a história da minha vida não era o que acontecia comigo, ou como eu me sentia, mas principalmente como lidava com tudo isso.

Nessa viagem, por exemplo, eu poderia escolher me lamentar pelo fato de o curso ter sido cancelado, ficar chorando pelo dinheiro gasto, me sentir uma azarada ou até mesmo, pegar o primeiro avião e voltar para casa. Mas eu escolhi buscar dentro de mim recursos para lidar com a situação da melhor maneira que podia. Acabei saindo de lá com o conteúdo da palestra que eu tanto queria! E aprendi, conforme Victor Frankl descreveu sobre sua experiência no campo de concentração, "que tudo pode ser tirado de um homem, menos uma coisa: a última das liberdades humanas, de escolher a sua atitude em qualquer conjunto de circunstâncias, a escolha do seu caminho". E isso eu podia! Pois, independentemente do que me acontecia, eu era capaz de encontrar em mim um terreno fértil para o desabrochar de novas oportunidades!

* * *

A partir de agora, no final de cada capítulo, você encontrará um espaço reservado para sua reflexão. A palavra reflexão em latim, *reflectere*, significa "fazer retroceder", "voltar atrás". Assim, podemos dizer que refletir é voltar-se para si, investigar-se. Portanto, aproveite esse espaço para se tornar um *detetive de si mesmo!*

Para uma melhor investigação, sugiro que você registre num papel todas as pistas, isto é, pensamentos e idéias que vierem a sua mente. Essa é uma excelente oportunidade para começar a revelar os mistérios da pessoa mais importante da sua vida: *Você!*

Para refletir

"Um fabricante de calçados enviou dois vendedores para uma região subdesenvolvida a fim de avaliar as possibilidades de vendas.

O primeiro, após alguns dias de pesquisa, telegrafou informando:

— Mercado ruim. Todos aqui andam descalços.

O segundo, com idêntico levantamento, informou:

— Mercado promissor. Ninguém aqui tem sapatos."

De olho em você!

— *Aproveite para lembrar de uma situação em que você, por não ter obtido o resultado desejado, escolheu lidar de uma forma negativa com o que lhe aconteceu.*

— *Refletindo sobre o que acabou de ler neste capítulo, como você faria para lidar com essa mesma situação de uma forma mais construtiva?*

— *O que você acha que é preciso para lidarmos com o que nos acontece de uma forma mais construtiva?*

É com Paz e Sabedoria que aciono o meu Poder Interior, o qual me fornece intuições corretas para realizar minhas obras. Avanço sempre com firmeza e coragem para tomar melhores decisões.

Procurando Novas Pistas...

Se você perguntasse para um grupo de dez pessoas *quem é esse tal do Sucesso* com certeza obteria diferentes respostas, pois a definição de *Sucesso* é estritamente pessoal. Portanto, eu não tenho a pretensão neste capítulo de defini-lo, até porque, como já disse o escritor José Saramago em uma de suas entrevistas, "na vida não existe o preto ou o branco, mas uma linha cinza onde tudo acontece".

No entanto, faço questão de compartilhar com você, através da percepção que tive em minha própria experiência, o quanto as idéias que temos sobre o Sucesso podem *interferir na realização da nossa História de Vida*.

De repente, você pode estar se questionando: "Como uma simples definição de Sucesso pode interferir em nossa vida?".

O filósofo Epíteto escreveu: "Os homens são perturbados não pelas coisas, mas pelas opiniões que extraem delas", portanto, dependendo da opinião que temos sobre *Sucesso,* isso pode impulsionar ou impedir a realização de uma história bem-sucedida. A partir do momento que tomei essa consciência e comecei a mudar a idéia que tinha sobre *Sucesso*, a minha história começou a mudar, isso porque, como já comentei, por um tempo acreditei que:

Sucesso é ter o que você quer!

Pensando assim, passei a correr atrás das mil e uma fórmulas instantâneas que me garantiam *ter o que queria*. Algumas delas diziam que bastava *saber* o que queria, acreditar que iria realizar e tudo aconteceria como num passe de mágica. Certo?! Na experiência da minha vida isso só acontecia nas histórias infantis quando alguém achava a lâmpada de Aladim porque *saber* o que queria não bastava para realizar uma *História de Sucesso*.

Certo dia, escutei em uma palestra a seguinte frase: "sonho sem ação é ilusão" e então compreendi que não bastava apenas *saber* o queria, era preciso *fazer*. Bingo! Na minha cabeça eu havia conseguido encontrar a fórmula mágica para o Sucesso: *Saber + Fazer = Sucesso*. Acreditando nessa fórmula, vivi por um bom tempo me sentindo como um jovem lenhador na seguinte parábola:

"Um jovem lenhador ficava impressionado com a eficácia e rapidez com que um velho e experiente lenhador da região cortava e empilhava madeiras das árvores que derrubava. O velho le-

nhador era um homem tranqüilo, saudável e considerado o melhor lenhador de toda a redondeza.

O jovem decidiu procurar o velho com o propósito de aprender com quem mais sabia. Passado alguns dias, o jovem resolveu que já sabia tudo; sendo assim, decidiu afrontar o velho lenhador, desafiando-o para uma disputa: em um dia de trabalho, decidir quem cortaria mais árvores. E assim fizeram.

Num dado momento, o jovem olhou para trás para ver como estava o seu adversário e, para a sua surpresa, ele estava sentado. O jovem riu e pensou: "Além de velho e cansado está ficando tolo; por acaso ele não sabe que estamos numa disputa?" E assim ele prosseguiu cortando lenha sem parar, sem descansar um minuto.

Ao final do tempo estabelecido, para a surpresa de todos, foi constatado que o velho havia cortado quase duas vezes mais árvores que o jovem desafiante. E ele, então, espantado indagou-lhe qual o segredo para cortar tantas árvores, se uma ou duas vezes que parara para olhar o viu sentado. O velho sabiamente lhe respondeu: "Todas as vezes que você me via sentado, eu não estava simplesmente parado, *eu estava amolando o meu facão!*"

História adaptada do livro *S.O.S. Dinâmica de Grupo*, de *Albigenor* e *Rose Militão*

Depois eu passei a ter a idéia de que:

Você tem Sucesso quando se sente feliz!

De acordo com a minha interpretação, acreditava que só poderia me considerar uma pessoa bem-sucedida na medida em que me sentisse feliz. Entretanto, como aponta o Dr. Beck: "A felicidade varia de momento a momento e não é uma condição estável".

Conclusão: Se o antônimo de *Sucesso* é *fracasso*, e a felicidade não pode ser estável, ter essa idéia me deixava muito vulnerável, pois ora me sentia um *Sucesso*, ora me sentia um *fracasso*. Isso fez também com que fugisse das emoções que considerava negativas, perdendo, assim, a oportunidade de aproveitá-las na realização de uma vida bem-sucedida. Você pode estar pensando:

Como?! Aproveitar todas as emoções para realizar uma História de Sucesso? Mesmo aquelas que aprendemos a evitar, como a tristeza, o medo e a raiva?

É isso mesmo! Mais adiante nesta leitura, você verá como aprendi a utilizar as emoções como tristeza, raiva, medo ou alegria para construir uma vida bem-sucedida. Claro que isso só foi possível a partir do momento em que mudei a idéia de que se eu não estava feliz, poderia me considerar uma fracassada.

Uma outra idéia que tinha sobre Sucesso era que:

"Para ter Sucesso é preciso ser reconhecido!"

Ao pensar assim, colocava o *Sucesso* nas mãos dos outros e, enquanto não era reconhecida, sentia-me um fracasso.

Agora pense comigo:
"Como uma pessoa que se sente fracassada pode realizar uma História de Sucesso?"
Como afirmou o psicólogo Nathaniel Branden: "O autoconceito é quem e o que nós pensamos ser, portanto o autoconceito é o destino."
Assim, percebendo que estava me tornando vítima das minhas próprias idéias, decidi separar o joio do trigo! Procurei encontrar um outro conceito sobre esse tal de Sucesso. Algo que não me deixasse tão vulnerável e dependente ao que me acontecia ou como me sentia. Sinceramente percebi que *nós somos os autores da nossa História de vida*. E se desejamos realizar uma biografia bem-sucedida, precisamos parar, de uma vez por todas, de nos comportar como incessantes caçadores de *Sucesso* e nos comportar como *pessoas de Sucesso!*
E os constantes questionamentos a respeito de *Como TER Sucesso* mudaram para *Como SER Sucesso...*

Para refletir

Filosofando — Introdução à Filosofia.
Maria Lúcia de Arruda Aranha,
Maria Helena Pires Martins, p. 45.

De olho em você!

— *Analisando a história em quadrinho anterior, quais as possíveis idéias que o Pato Donald tem sobre o Sucesso? Quais seriam as conseqüências dessas idéias em seu autoconceito?*

— *E você? Qual é a sua idéia sobre o Sucesso? O que você acredita que precisa para sentir-se uma pessoa bem-sucedida?*

— *Como afirmou Nathaniel Branden: "O autoconceito é quem e o que nós pensamos ser, portanto o autoconceito é o destino", você acredita que as suas idéias sobre o Sucesso contribuem para melhorar o seu autoconceito? Caso a resposta seja negativa, como você reformularia essas idéias para sentir-se melhor consigo mesmo?*

"Cuidado com a idéia que você escolhe ter sobre o Sucesso, pois em muitas situações da sua vida correrá o risco de sentir-se um fracassado."

O meu verdadeiro EU é eterno e indestrutível. Meu brilho estende-se cada vez mais em todas as direções. Atinjo todas as minhas metas, pois minhas escolhas me direcionam para meus mais sinceros objetivos.

Segredos Não Revelados...

Na busca de encontrar uma nova idéia a respeito do *Sucesso*, percebi a importância de não mais me questionar a respeito de como TER *Sucesso*, mas sim, como SER *Sucesso*, pois eu era o *autor* da minha História de Vida. Encontrei no dicionário que a palavra *Ser* pode ser definida como a *natureza íntima de uma pessoa*, e a palavra *Sucesso* como *aquilo que se realiza ou resultado*. Assim, acabei por concluir que seria capaz de construir uma História de Sucesso à medida que *realizasse* minha *natureza íntima*. "Mas que natureza era essa?", continuei me questionando. E, novamente, recorrendo ao "pai dos inteligentes", encontrei que *natureza* se define como *o conjunto das características fundamentais próprias de um ser.* Portanto, baseando-me nessas definições, compreendi que:

Para SER Sucesso *era preciso permitir a* realização *da minha* natureza íntima *ou, em outras palavras, encontrar uma forma de* colocar em prática *as* características fundamentais, *as potencialidades próprias do meu SER.*

A partir daí, esse passou a ser o meu grande desafio: transformar minha vida em uma verdadeira, original e singular História de Sucesso!

Você pode estar se perguntando: "Mas por que realizar uma História de Sucesso é um desafio?".

Porque é preciso estar muito bem preparado para essa grande transformação em sua vida. Uma flor se prepara para se revelar, passa pelos processos necessários, respeita o instante certo, a fim de desabrochar com todo o seu esplendor na Primavera. E se você quer transformar sua vida realizando sua *natureza íntima* para assim escrever sua própria *História de Vida*, eu te pergunto: "Por acaso você sabe que natureza é essa? Você conhece as características próprias do seu SER? Não!? Então como você quer se transformar em algo se você mesmo não sabe o que é?".

Certo dia, li a seguinte frase do Osho:

"Uma rosa sabe que é uma rosa, mesmo que no início ela se pareça com um broto de feijão."

Particularmente, não diria que a "rosa" tem essa consciência, mas se essa consciência existe, acredito que seja por parte da *semente*. Ela, sim, sabe do seu potencial, do que pode vir a se tornar!

E você? Conhece a potencialidade do seu SER, do que possa vir a se tornar?

Eu faço esses questionamentos porque é comum as pessoas procurarem livros, cursos, palestras e receitas prontas para transformarem suas vidas, escolhendo *para onde vão* sem ao menos se conscientizarem de *quem verdadeiramente são*. E não entendem porque muitas vezes se sentem inadequadas. Para mim, inadequado é querer estar com alguém, mas continuar sozinho; querer ficar sozinho quando se está acompanhado; estar num emprego e querer arrumar outro, e quando arruma outro continua insatisfeito, daí em diante. Acredito que essa sensação de inadequação ocorre porque não estamos em contato com nossa *natureza íntima*, com as características fundamentais que proporcionam a realização do nosso *SER*.

Percebo que o Homem é a criatura da natureza que mais teima em fugir da sua origem, e quando uma árvore tem suas raízes cortadas, acaba morrendo. Portanto, é preciso urgentemente resgatar nossas origens, a nossa natureza íntima.

Eu já encontrei muitas pessoas que dedicaram seus dias, meses e anos em realizar uma história que acabaram descobrindo que não era sua. Investiram tempo, dinheiro e dedicação em construir uma vida sem sentido, sem motivação, isto é, construíram uma vida sem lhes dar a *oportunidade de conhecer suas potencialidades e revelarem quem realmente são*.

Eu mesma já me senti assim, vivendo uma história que não era minha. Quando entrei na faculdade, tinha uma idéia do que era ser "psicóloga", então, comecei a comprar roupas mais sérias, a utilizar um vocabulário mais rebuscado e comecei a pensar seriamente em trabalhar dentro de uma empresa ou em um consultório. Às vezes, me via com umas idéias malucas de trabalhar em rádio, pois desde pequena esse era um dos meus sonhos. Mas na minha cabeça não cabia uma futura psicóloga dentro de um programa de rádio, até porque me lembro de que no primeiro dia de aula o professor falou: "Já comecem a pensar na área em que vão querer trabalhar". E ele já definiu: "Trabalhar em consultório, empresas, escolas ou hospitais". Portanto, rádio estava fora dessas escolhas, e eu, por um bom tempo, fiquei tentando me enquadrar nessa "variedade" de opções, mandei meu currículo para algumas empresas a fim de conseguir um estágio, trabalhei dentro de uma escola, até que um dia...

"Eu e minha amiga de infância estávamos saindo de um espetáculo teatral quando ela me perguntou:

— Cris, quando eu estava assistindo à peça lembrei que desde pequena você adorava falar em público e participava de grupos de teatro amador. Lembra? Você dizia que quando crescesse iria trabalhar em rádio ou TV! E agora? Você não tem mais vontade de se comunicar com um grande público?

Aquela pergunta me incomodou tanto que respondi rispidamente:

— Lógico que não! Eu vou me formar em psicologia e não fiquei tantos anos estudando à

toa para, de repente, voltar a querer ser uma "aparecida"!
Para me irritar ainda mais ela comentou:
— Não quis dizer isso! Eu só perguntei o que você fez com toda aquela sua vontade. Foi só isso!"

Voltei para casa muito incomodada com a sensação de um sentimento "mal resolvido". Abri a última gaveta do meu armário e olhei as fotos do grupo de teatro do qual eu participava. Comecei a chorar e a me questionar: "Qual o motivo de aquelas palavras terem me perturbado tanto se eu tinha optado em estudar Psicologia e gostava muito do que fazia?".

Depois de algumas semanas, uma dor no joelho me levou a uma fisioterapeuta que passou a sessão inteira falando sobre o seu programa de rádio. Fiquei encantada em saber que além de trabalhar em sua profissão, ela transmitia seus conhecimentos em um programa voltado para a qualidade de vida. No final da sessão e, é claro, daquela ótima conversa, a fisioterapeuta comentou que eu deveria ter um programa de rádio...

O resultado desse bate-papo é que comecei a trabalhar na rádio com o programa *Histórias de Sucesso*, uma experiência que me permitiu unir essas duas grandes paixões: a de realizar um trabalho voltado para o desenvolvimento humano e, ao mesmo tempo, poder me comunicar com o público.

E sabe aquele sentimento "mal resolvido"? Transformou-se, na medida em que *me permiti conhecer e* desenvolver minhas potencialidades, as características fundamentais próprias do meu SER. E se gostar de me comunicar com várias pessoas traduzia-se em ser "aparecida", então eu era! Mas não pense que a história acabou assim: "E ela foi feliz para sempre". Não! E ainda bem que não! Passei por um processo em que precisei me preparar para realizar essa *natureza íntima*, ou melhor, para colocar em prática minhas próprias características. Lembro-me de que um dia ouvi uma colega satirizando o meu jeito de falar na rádio. E ela, dando risadas, dizia: "Aonde aquela 'aparecida' vai querer chegar?".

Eu não queria chegar a nenhum lugar, eu já estava! E estava me permitindo experienciar uma nova situação, uma nova forma de conhecer e desenvolver um pouco mais minhas potencialidades, meus talentos, as características inerentes ao meu *SER*.

Mas não vou negar que doeu muito ouvir aquelas palavras. Uma voz dentro de mim dizia: "Larga de ser idiota Cristiane, você está fazendo papel de palhaça; é melhor desistir!" e outra voz afirmava: "Vai! Continua! Você não está ferindo ninguém, está apenas ousando se conhecer". Em meio a tantas dúvidas, eu acabei aceitando o conselho da segunda voz. E hoje, sem mais dúvida, eu tenho a plena convicção de que fiz a escolha certa!

Portanto, para realizar uma História de Sucesso é preciso se preparar, sim! *Preparar-se*, por exemplo, *para não aceitar as opiniões dos outros que possam impedir sua auto-realização*, até porque, como pontuou o psicólogo humanista Carl Roger: "Ao aceitarmos as concepções dos outros como se fossem nossas, perdemos o conta-

to com a sabedoria potencial e perdemos a confiança em nós mesmos".
Dessa forma, pergunte a você mesmo: "Eu estou preparado para conhecer minhas potencialidades, a minha natureza íntima? Eu estou realmente preparado para ousar SER eu mesmo e realizar minha verdadeira História de Sucesso?".
Caso sua resposta seja não, seja bem-vindo! Tenho uma boa notícia: "Você não está sozinho! A maioria das pessoas não é preparada para ousar SER ela mesma!".
Saímos da escola resolvendo problemas dificílimos de física, química e matemática, mas não aprendemos a resolver problemas simples do nosso cotidiano. Conhecemos como os grandes líderes fizeram a história da humanidade, mas não aprendemos a realizar nossa própria História de Vida. Hoje em dia, desenvolvemos uma tecnologia que permite nos comunicar com pessoas do outro lado do continente, mas na maioria das vezes não sabemos nos comunicar com nós mesmos. Ficamos horas em frente à televisão conhecendo a vida de todos os personagens da novela, mas não utilizamos um minuto do nosso dia para conhecermos a nós mesmos. Portanto, tomo a liberdade para afirmar que nesse planeta somos todos aprendizes na arte de ser o que verdadeiramente somos!
E em minha opinião, nessa arte, o desafio não está em aprender algo novo, mas em nos lembrarmos de quem somos e do *Sucesso* que habita dentro de cada um de nós, que é único, original e totalmente singular! Recordo-me de uma história:

"Um certo dia um homem observando sua esposa cozinhar percebeu que ela, toda vez que ia

colocar o peixe dentro da assadeira, cortava a cabeça e a cauda. Não entendendo essa atitude, ele perguntou:

— Por que você faz isso?

Sua mulher respondeu:

— Porque assim é o certo, a minha mãe que me ensinou.

Inconformado, ele foi fazer a mesma pergunta para a sogra, para compreender o porquê de cortar a cabeça e a calda do peixe, e obteve a mesma resposta:

— Oras, porque assim é o certo, a minha mãe que me ensinou!

Não satisfeito com as respostas, decidiu perguntar, então, para a avó de sua esposa:

— Por que a senhora ensinou sua filha, que acabou ensinando a minha mulher, a cortar a cabeça e a cauda do peixe?

A senhora riu e respondeu:

— Eu não ensinei nada, eu cortava a cabeça e a cauda do peixe porque naquela época um peixe inteiro não cabia dentro da minha assadeira!

Essa semana fui assistir a um *workshop* em que o palestrante ensinava formas para se tornar o Melhor, o Número Um no trabalho. Ele utilizava exemplos de empresários milionários e dizia: "Se você quer ser um deles, faça como eles!". Percebia que muitas pessoas que aceitavam essa idéia sentiam-se ou desanimadas, por acreditarem que jamais iriam conseguir ser como eles, ou animadas a se tornar um deles. Voltei para casa pensando que temos acesso a uma vasta informação a respeito de como nos tornar o Melhor, O Primeiro, A excelência, O presidente, etc., mas pouco nos ensinam a nos tornar quem verdadeiramente somos. Dessa forma não é nada difícil encontrarmos pessoas com uma carreira profissional admirável e uma vida pessoal lamentável, como disse Santo Agostinho dezesseis séculos atrás: "Os homens vão admirar os cumes das montanhas, as ondas do mar, as largas correntes dos rios, o movimento dos astros, e deixam de lado a si mesmos".

Esse, para mim, é o grande desafio de nossa existência: nos tornarmos quem verdadeiramente somos! E acredito que seja um desafio na medida em que é preciso muita coragem para não "deixar de lado a si mesmo".

Isso não é para qualquer pessoa: ousar conhecer suas potencialidades individuais enquanto muitos nos estimulam a conhecer às dos outros; ousar aprender com suas próprias experiências enquanto muitos nos ensinam a imitar as experiências alheias; ousar fazer o que sentimos adequado enquanto muitos nos consideram inadequados. E sabe de uma coisa? Esse é o lado mais fascinante desse desafio, pois ao mesmo tempo somos aluno e mestre, líder e liderado. E temos a grande oportunidade de no dia-a-dia conhecermos um pouco mais quem somos e o poder que habita dentro de nós! Nesse sentido, concordo com Lao-tsé quando diz: "Aquele que obtém uma vitória sobre outros homens é um forte; porém, quem consegue vencer a si mesmo é todo poderoso".

Para refletir

"Em minha calça está grudado um nome
que não é meu de batismo ou de cartório,
um nome... estranho.
Meu blusão traz lembrete de bebida
que jamais pus na boca, nesta vida.
Em minha camiseta, a marca de cigarro
que não fumo, até hoje não fumei...
... Estou, estou na moda.
É doce estar na moda, ainda que a moda
seja negar minha identidade,
trocá-la por mil, açambarcando
todas as marcas registradas,
todos os logotipos do mercado.
Com que inocência demito-me de ser,
eu que antes era e me sabia
tão diverso de outros, tão mim mesmo,
ser pensante, sentinte e solidário
com outros seres diversos e conscientes
de sua humana, invencível condição...
... Onde terei jogado fora
meu gosto e capacidade de escolher,
minhas idiossincrasias tão pessoais,
tão minhas que no rosto se espelhavam,
e cada gesto, cada olhar,
cada vinco da roupa
resumia uma estética?
Hoje sou costurado, sou tecido,
sou gravado de forma universal,

saio da estamparia, não da casa,
da vitrine me tiram, recolocam,
objetos estáticos, tarifados.
Por me ostentar assim, tão orgulho
de ser não eu, mas artigo industrial,
peço que meu nome retifiquem.
Já não me convém o título de homem,
meu nome novo é coisa.
Eu sou a coisa, coisamente."

Adaptação do poema de *Carlos Drummond de Andrade*,
O Corpo. Rio de Janeiro, Record, 1984.

De olho em você!

— *No dicionário, idiossincrasia significa maneira de ver, sentir, reagir, própria, especial, de cada pessoa. Refletindo sobre seu dia-a-dia e o poema acima, você se reconhece vendo, sentindo e reagindo da sua própria maneira?*

— *Caso sinta que em sua História de Vida você não está conseguindo revelar sua própria verdade, que tal se perguntar: "Onde terei jogado fora meu gosto e capacidade de escolher, minhas idiossincrasias tão pessoais?"*

"*O importante não é o que fazem do homem, mas o que ele faz do que fizeram dele.*"

Jean-Paul Sartre

A beleza imensa da natureza desperta todo o meu ser, desabrochando o que de mais precioso existe em mim.

Detectando Potencialidades

Partindo da compreensão de que *Somos Sucesso* na medida em que desenvolvemos habilidades para realizar nossa *natureza íntima*, podemos concluir que o resultado da nossa verdadeira História de Vida está dentro de cada um de nós. Assim como a semente de um girassol já traz em si a potencialidade para se transformar em uma linda flor, nós também trazemos conosco a potencialidade para nos transformar em quem verdadeiramente somos.

Esse é um pensamento muito antigo e que Platão já expressara no Mito de Er, em *A República*, uma de suas obras mais conhecidas; essa idéia pode ser encontrada resumidamente no livro *O Código do Ser* de James Hillman mais ou menos assim:

"A alma de cada um de nós recebe um daimon único antes de nascer, que escolhe uma imagem ou um padrão a ser vivido na Terra. Esse companheiro da alma, o daimon, nos guia aqui. Na chegada, porém, esquecemos tudo o que aconteceu e achamos que chegamos vazios a este mundo. O daimon lembra o que está em sua imagem e pertence a seu padrão e, portanto, o seu daimon é portador do seu destino."

Os romanos chamavam isso de *genius*, que para alguns é a sorte e para mim é o verdadeiro *Sucesso*! Neste sentido concordo com o famoso escritor Deepak Chopra quando ele diz: "O verdadeiro Sucesso ocorre quando permitimos que a divindade se abra em nosso interior".

Não foi só Platão quem idealizou esse pensamento. Maslow, o pioneiro no estudo da auto-realização, concluiu: "O homem demonstra, em sua própria natureza, uma premência em direção a um Ser mais e mais pleno, a uma realização mais e mais perfeita da sua humanidade".

Roberto Crema, no seu livro *Saúde e Plenitude: Um Caminho para o Ser*, expressa com maestria essa idéia quando diz: "Há uma promessa inerente ao nosso ser. Não estamos aqui apenas para um piquenique ou aposentadoria. Estamos aqui para realizar uma tarefa pessoal, intransferível. Estamos aqui para concretizar uma obra-prima; para trazer uma diferença para o universo". E ele continua concluindo: "É o que denomino vocação: a voz interna de nosso desejo mais fundamental e o imperioso impulso para realizarmos o que somos".

Em um dos encontros que ministrava para os alunos do Ensino Médio em que desenvolvo o Projeto M.E.T.A.S.

(Motivação, Escolhas, Trabalhos e Atitudes na Sociedade), um jovem me fez a seguinte questão com relação a essa idéia:
"Cristiane, é muito fácil você falar que esse Sucesso que tanto a gente procura fora está dentro de cada um de nós. Porém, como posso me sentir um Sucesso na situação em que me encontro, em que nem uma profissão decente eu tenho?"
Naquele momento, lembrei-me de uma frase do Osho que tanto havia me auxiliado quando eu mesma me fazia esse tipo de questionamento, e lhe disse:
"A semente carrega consigo a potencialidade para se transformar em uma flor, mas isso só será possível, se ela enfrentar os desafios necessários para aflorar a luz do dia, e assim, exibir a majestade do seu Ser." E concluí com minhas próprias palavras, dizendo:
"Desejo que você também tenha coragem o bastante para se tornar quem você é!".
É preciso muita coragem para realizar nossa história, pois esse é um grande desafio!
Ao compreender que uma História de Sucesso só acontece na medida em que aceitamos esse desafio de realizar nossa natureza íntima, as nossas potencialidades únicas e originais, passei a notar uma *habilidade* comum nas pessoas que considerava bem-sucedidas, que era, exatamente, a *de aproveitar as circunstâncias da vida para conhecer essas potencialidades e assim, colocando-as em prática, realizarem sua verdadeira história.*
Certo dia, estava me lembrando de um caso interessante que ocorreu em minha família:

"Rodolfo era um garoto muito tímido; sua mãe era professora do ensino estadual e decidiu abrir uma escola infantil. Quando Rodolfo fez 13 anos, começou a mostrar interesse na área da Educação, indo quase todos os dias ajudar sua mãe na pequena escola. O garoto estava decidido que tinha nascido para trabalhar com Educação e fazia de tudo para mostrar o seu melhor. Mas tinha um detalhe: seu pai, que na época trabalhava em uma loja de autopeças, acreditava que trabalhar em escola infantil era coisa de mulher. Ele decidiu, então, impedir o garoto de trabalhar com sua mãe, obrigando-o a acompanhá-lo em sua loja para fazer serviço de 'homem'.

Rodolfo ia com seu pai chorando e quando chegava na loja não tinha vontade de fazer nada, o tempo parecia não passar. Até que um dia, o garoto decidiu fugir e ir até a escola ajudar sua mãe. Após muita discussão e muitas chineladas, o pai decidiu deixar o garoto seguir sua vocação. O final da história?

Depois de quase dez anos, a escola infantil havia se tornado um dos mais reconhecidos colégios de sua cidade e o garoto um grande educador! O seu pai?

Ele também se tornou um grande empresário, só que ao lado do seu filho, trabalhando dentro de uma escola!"

Agora, imagine se esse garoto tivesse reprimido sua real vontade e aceitado a condição inicialmente imposta por seu pai. Hoje, ele até poderia ter conquistado muito dinheiro, trabalhando em uma loja de autopeças, mas duvido muito que teria amor pelo que fazia, e como afirmou o filósofo chinês Confúcio: "Escolha um trabalho que você ame e não terá de trabalhar um único dia de sua vida".

A minha experiência com o programa de rádio contribuiu muito para a mudança do meu conceito de *Sucesso*. Como tinha a intenção de conhecer pessoas que se consideravam um *Sucesso*, não porque as revistas ou os outros falavam, mas por si mesmas, convidava o ouvinte a participar fazendo a seguinte pergunta: "Conte para mim a sua História de Sucesso!". Inicialmente, não vou negar, quase não recebia ligações e, quando telefonavam, as pessoas falavam que ainda não era a hora de contar sua história ou porque não tinham atingido seus objetivos, ou porque não estavam na melhor fase de suas vidas. Então notei que, assim como eu, as pessoas estavam colocando o seu *Sucesso* na mão de fatores externos. Depois de pensar sobre o assunto, num belo dia cheguei ao programa e falei: "Uma História de Sucesso só pode ser escrita por uma pessoa de Sucesso! E se você, hoje, não se sente no direito de se considerar uma pessoa de Sucesso, independentemente do que está acontecendo em sua vida, não será daqui a um mês ou cinco anos, porque a vida é o agora!".

De repente, tocou o telefone e uma mulher com uma voz muito doce começou a falar:

— *Olha, eu não sei se posso considerar a minha História um Sucesso, mas meu marido me* abandonou para ficar com outra mulher quando eu tinha 40 anos. Naquela época, fiquei desesperada, pois tive que cuidar dos nossos dois filhos e nunca tinha trabalhado. Mesmo com o coração partido, tive forças para arranjar um emprego e mais tarde voltar a estudar. Tudo o que passei foi muito importante para descobrir a força que tinha, mas não sabia. Hoje sou uma advogada bem-sucedida, meus filhos já estão crescidos e encaminhados na vida e eu...

Ela deu uma risada e continuou...

— Atualmente estou namorando um homem maravilhoso, dez anos mais novo!

Então perguntei:

— Como você se sente hoje?

Ela respondeu:

— Muito bem comigo e com minha vida.

— Agora me responda uma coisa, continuei:

— Na época em que foi abandonada você era uma fracassada? Responda sinceramente, você acredita que uma mulher fracassada iria ter forças para recomeçar?

Com a convicção de um vencedor, ela respondeu:

— Lógico que não!

Então concluí:

— Não tenha dúvidas que sua história foi e é um Sucesso, porque ela é escrita por uma pessoa de Sucesso!

Detectando Potencialidades

Depois desse dia passei a receber vários telefonemas:

— *Alô? Conte a sua História de Sucesso!*

— *Oi Cristiane, a minha História de Sucesso é a seguinte: desde pequeno eu tinha atração por pessoas do mesmo sexo. Sentia-me muito culpado, confuso e totalmente perdido. Tentei fazer de tudo para não aceitar essa situação. Mas quanto mais fugia, mais me sentia prisioneiro. A partir do momento que decidi me aceitar como sou, passei a me sentir uma pessoa muito mais realizada e de bem com a vida.*

— *E você gostaria de deixar uma mensagem para as pessoas que estão te ouvindo e que podem estar se sentindo assim como você um dia já se sentiu, isto é, culpadas, confusas e perdidas por não aceitarem sua verdade interior?*

— *Claro que gostaria! Eu quero dizer para essas pessoas que muitas vezes quando percebemos que nossa verdade interior, como você acabou de dizer, não é aceita pelos outros, tendemos a nos fechar e enganar a nós mesmos. Neste caso, nos contentamos em viver uma vida de aparências. Mas se queremos realizar nossa História de Sucesso, precisamos buscar ser aceitos e amados pela pessoa mais importante de nossa vida: nós mesmos!*

— *Muito obrigada pelo seu exemplo de vida!*

Uma outra história que recordo com muito carinho foi a de uma mulher que com uma voz muito animada falou:

— *Bom-dia, Cristiane! Eu estou muito feliz em participar desse programa! Eu trabalho em casa de família e nesse horário geralmente estou passando roupa. A minha História de Sucesso é que desde pequena eu passei por muitas dificuldades, vim morar em São Paulo na casa de uma tia quando era bem novinha porque meus pais não tinham condições para me sustentar, sofri muito no começo, mas sempre tive fé no meu coração. Graças a Deus hoje eu amo o meu trabalho, os meus patrões e principalmente meu marido, que deve estar me ouvindo porque eu falei que ia tentar participar.*

— *Você gostaria de deixar uma mensagem para as pessoas que estão te ouvindo?*

— *Eu quero! Para vocês que estão me ouvindo vou deixar uma única mensagem, que é a seguinte: Tudo que a gente faz com amor é mais gostoso!*

— *Obrigada pela sua participação!*

Antes de desligar o telefone, ela falou:

— *Lembra a semana passada quando você falou da importância de a gente conhecer nossas vontades, aquilo que tá dentro de cada um de nós?*

— Lembro, claro.
— Eu descobri uma vontade que eu tenho há muito tempo e agora eu vou correr atrás para realizar. Eu vou voltar a estudar, Cristiane, você acredita? E a minha patroa falou que vai me pagar os estudos!
— Parabéns! Continue realizando a cada dia a sua História de Sucesso, e como você mesma falou, procurando fazer tudo com amor, que é mais gostoso!

Mas por que pessoas com histórias tão diferentes estão sendo citadas como exemplo de Sucesso?

Apesar de essas histórias serem diferentes, podemos notar a mesma *habilidade: a de aproveitar quaisquer circunstâncias da nossa vida, por mais difíceis que elas possam parecer, para conhecer nossas potencialidades, as características próprias inerentes ao nosso SER e, assim, procurarmos colocá-las em prática.* Não tenho dúvidas de que essas pessoas são exemplos de Sucesso!

E exemplos que nos permitem perceber que para realizar uma vida bem-sucedida é preciso ter muita coragem:

Coragem para não utilizar o seu tempo procurando desculpas, mas sim, soluções!

Coragem para não aproveitar as situações para se lamentar, mas para descobrir potencialidades.

Coragem para dizer *não!* aos outros e *sim!* para você mesmo.

Coragem, como disse Dalai Lama, para:

"*Fazer do medo uma escada...*
Da interrupção, um caminho novo...

Da procura, um encontro...
E da queda, um passo de dança..."

Podemos perceber também nessas pessoas uma *confiança grandiosa no processo da vida*. Uma confiança que as permite concluir que *tudo que nos acontece, por pior que possa parecer, tem sempre um propósito. O propósito de conhecermos um pouco mais o nosso SER para realizarmos nossas potencialidades*. Um *SER* que não é estático, parado, mas que se transforma, e se revela a cada instante nos lembrando de despertar o Sucesso que está dentro de cada um de nós!

Portanto, se você está decidido a realizar sua *História de Sucesso*, arregace as mangas e comece a cavar dentro de si mesmo para conhecer suas potencialidades. Você é o autor da sua História de Vida, e uma história que não pode ser escrita por mais ninguém, pois foi confiada a você! Por isso, essa é uma história única, original e plenamente singular. De acordo com James Hillman, é "uma singularidade que pede para ser vivida e que já está presente antes de poder ser vivida". Para mim, é o verdadeiro Sucesso dentro de cada um de nós esperando uma oportunidade de realizar-se!

Para refletir

"Deus, no momento em que terminou a criação, viu que precisava ter um cuidado especial com o que de melhor havia criado: o homem. Pensou, refletiu e resolveu dar a cada homem um talento único e muito especial. Mas onde esconder tal preciosidade?
  Primeiro, Ele pensou:
  "Vou esconder o talento do homem nas profundezas da terra."
  Depois, refletiu e achou que nas profundezas do oceano ele estaria mais bem escondido. Continuou achando que o oceano não era um bom lugar e repensou:
  "Creio que, no espaço, em meio aos planetas, estrelas, estará bem guardado e será bem mais difícil ser encontrado por qualquer um."
  Mesmo assim, voltou a refletir e concluiu, finalmente:
  "O homem é muito curioso. Fatalmente acabará criando aparelhos para explorar os mares, para cavar o planeta e investigar os céus. Acabará encontrando... Vou esconder o maior talento do homem num lugar muito especial: no interior dele próprio."
  E assim Ele fez.

Adaptação da história *O Maior Talento*,
do livro *S.O.S. — Dinâmica de Grupo*,
Albigenor e Rose Militão.

De olho em você!

Imagine a seguinte situação:

Você, devido às suas potencialidades e talentos especiais, acabou de ser um dos convidados para contribuir com a construção de um nova sociedade!

Agora responda:

— *Quais seriam essas potencialidades e talentos especiais que o fizeram ser um dos escolhidos?*

— *Caso aceitasse esse convite, de que forma você contribuiria com seus talentos?*

— *O que as pessoas dessa nova sociedade estariam perdendo se você não aceitasse esse convite?*

"*Abandone a idéia de vir a ser alguém, porque você já é uma obra-prima. Você tem apenas que aproximar-se dela, conhecê-la, percebê-la.*"

Osho

Com o coração repleto de gratidão agradeço todas as dádivas da minha vida. É o Amor conduzindo os meus atos e colorindo o meu ambiente.

Cuidado com as Falsas Evidências!

Era mês do Dia dos Pais e eu precisava encontrar alguém para contar sua História de Sucesso na rádio. Fiquei, por um bom tempo, pensando em vários homens que tivessem um exemplo de vida inspirador. Até que na véspera do Dia dos Pais consegui encontrar uma pessoa, que resumidamente começou a contar:

"Quando era pequeno, trabalhava como catador de sucata. Toda vez que tinha festa no clube mais chique da minha cidade, eu ficava olhando pela janela e falava para mim mesmo que um dia seria sócio daquele lugar. Depois de alguns anos, já trabalhando em uma grande empresa, fui capaz de comprar o título.

Ao casar com a minha primeira esposa, tive três lindos filhos, mas infelizmente, quando eles eram pequenos, ela faleceu.

Nessa mesma época, por causa de um golpe que levei de dois amigos, perdi todos os meus bens, inclusive o título do clube. Abalado com a morte repentina da minha esposa e completamente endividado, muitas pessoas pensavam que eu iria me suicidar. Mas dentro de mim tinha um poder interior que me dava forças para continuar.

Depois de alguns anos, consegui pagar minhas dívidas e me casei novamente. Tive, então, mais três filhos. Ao lado da minha segunda mulher, consegui constituir uma nova família e trabalhamos juntos para conseguir a realização dos nossos sonhos.

E se você me perguntar se eu me sentia um fracassado, na época em que perdi tudo, eu vou dizer que Não! Até porque um fracassado não é capaz de dar a volta por cima, somente um Vencedor consegue se levantar, sacudir a poeira e começar de novo! E eu sempre tive em todas as situações da minha vida a consciência desse vencedor em mim. E se esse tal de Sucesso é vencer, eu sempre tive a consciência do Sucesso em mim!"

Quando aquele homem terminou de contar sua história comecei a chorar no meio do programa, no ar. A emoção tomou conta de mim não apenas por ouvir sua maravilhosa história, mas porque eu estava diante do meu próprio pai. Isso mesmo, aquele homem que estava ao meu lado era o meu pai! E eu, que havia ficado vários dias pensando em quem entrevistar por não perceber que o exemplo de *Sucesso* que procurava estava dentro da minha própria casa, recordei-me da brilhante frase de William Shakespeare: "Aquilo que pedimos aos céus muitas vezes se encontra em nossas mãos".

Depois de alguns dias, recebi várias cartas parabenizando a mensagem expressada através daquelas inspiradoras palavras. Dentre as cartas enviadas, uma me chamou a atenção. Era de uma mulher dizendo que quando ouviu o programa refletiu que o fato de estar desempregada não a tornava uma fracassada. Assim, ela escreveu sentindo-se mais animada, acordou no dia seguinte e levou seu currículo para uma empresa. Após uma semana, foi contratada e começou a trabalhar!

Nesse dia, eu verdadeiramente senti, conforme Thoreau disse: "Aquilo que o ser humano pensa de si mesmo é o que determina, ou melhor, indica o seu destino".

Ao refletir sobre esses exemplos de vida, comecei a me questionar:

Ora, se para realizar uma História de Sucesso *precisamos desenvolver habilidade para* aproveitar as circunstâncias da vida para conhecer e realizar nossas potencialidades, *por que será que nem todas as pessoas conseguem e acabam se contentando com uma vida sem sentido? O que nos impede de realizar nossas potencialidades e de revelar quem verdadeiramente somos?*

Ao entrevistar um especialista em emagrecimento, na rádio, ele contou uma história que me chamou muito a atenção:

Uma de suas pacientes foi ao consultório decidida a mudar sua vida. Começaria tal mudança, emagrecendo os vinte quilos que precisava. Após algum tempo de tratamento, já com dez quilos a menos, ela simplesmente parou de emagrecer. Tentaram de tudo, desde mudar a dieta até fazer uma bateria de exames. Só que o ponteiro da balança não abaixava.

Até que em uma das sessões de terapia, ela descobriu o que a impedia de realizar o seu objetivo. Desde pequena, ela ouvia as críticas de sua mãe em relação à vizinha dizendo: "Olha lá, já vai a magricela exibir o seu corpinho para os vizinhos. Como ela é vulgar!" Sendo assim, a garota, por herdar esse pensamento de sua mãe, cresceu com a idéia de que "ser magra era ser vulgar". Assim, por mais que quisesse, sem perceber, ela se auto-sabotava, isto é, impedia seu próprio emagrecimento.

Depois de tomar consciência dessa idéia que a estava impedindo de realizar seu objetivo, tornou-se mais fácil seu processo de emagrecimento.

Esse caso me fez notar que uma das maneiras de impedirmos a realização da nossa História de Sucesso é considerar como verdade as idéias ilusórias que temos das situações. Pois, como já afirmou Alfred Adler: "Nós

Cuidado com as Falsas Evidências!

somos autodeterminados pelo sentido que damos às nossas experiências; e, provavelmente, há sempre um pequeno erro envolvido quando tomamos determinadas experiências como a base da nossa vida futura. Os significados não são determinados por situações, mas nós determinamos a nós mesmos através dos significados que damos às situações".

Considerando como verdade uma idéia ilusória, você pode impedir que a sua História de Sucesso se realize. Eu digo idéia ilusória porque não aconteceu, é apenas uma fantasia do que você acredita que possa viver.

No caso dessa mulher, mesmo ainda não tendo emagrecido por considerar como verdade a sua idéia do que poderia acontecer caso emagrecesse, ela mesma impedia a realização do seu objetivo.

Eu conheço muitas pessoas que preferem se contentar em viver uma história que elas sentem que não é a sua por acreditarem em suas idéias ilusórias.

Quanta gente tem vontade de falar em público, mas acaba fugindo da situação como o diabo da cruz, arranja mil desculpas para ficar contra as suas próprias vontades. Tudo isso porque acredita em suas idéias ilusórias: acredita que vai gaguejar, que ninguém vai gostar do que tem para dizer, que não é carismática... E acaba acreditando nas suas próprias conclusões sem ao menos ter se permitido vivenciar a situação. Ah! Lembrei-me de uma famosa frase que expressa bem esse tipo de gente: "Não li, mas não gostei do livro".

Há algum tempo, participei de um evento da rádio no Anhembi, em São Paulo, em que tive que me apresentar para uma platéia com aproximadamente três mil pessoas.

Uma das funcionárias da rádio me perguntou: "Cristiane, como você consegue? Eu tenho vontade de falar para um grande público, mas tenho medo. O que você faz para não ter medo?". Eu respondi: "E quem falou que eu não tenho medo? Eu tenho sim! Mas nessa hora eu coloco o medo no lugar dele!". O que eu quis dizer com isso? Nessa situação percebi que por trás de todo aquele medo haviam *idéias*. No meu caso, estava com medo porque tinha idéias do tipo: "Eu posso tropeçar e cair no palco, as pessoas podem me vaiar, na hora vai me dar branco e vou esquecer tudo que preparei para falar" e daí para pior!
 Então, notei que eu não estava com medo do desconhecido. Até porque acredito que em muitas situações de nossas vidas não *sentimos medo daquilo que desconhecemos, mas sim daquilo que conhecemos*. Por exemplo, se agora alguém estiver armando alguma coisa contra você, mas não é do seu conhecimento, você vai continuar lendo este livro sem medo, certo? Portanto, concluí que naquele momento o *medo que sentia era daquilo que conhecia*. E a única coisa que conhecia eram as minhas próprias idéias, e idéias ilusórias, pois não tinham acontecido, estavam apenas na minha mente.
 Lembro-me de que subi no palco consciente de que todos *aqueles temores eram apenas idéias* e essa consciência me permitiu viver o momento, e aí, sim, ter a certeza do que realmente iria vivenciar. Ao final da apresentação me senti muito realizada!
 Percebo que muitas pessoas ainda se comportam como aquela criança que por medo de acender a luz, por ter a idéia de que pode encontrar o "Bicho Papão", dorme

encolhida debaixo do cobertor rezando para alguém aparecer no quarto e a salvar. Essa situação me faz recordar uma frase de Amanda McBroom em um trecho do livro *A Rosa*:

"É o coração com medo de partir-se que nunca aprenderá a dançar.
É o sonho com medo de acordar que nunca terá uma oportunidade.
É a alma com medo de morrer que nunca aprenderá a viver."

Outro dia na rádio uma ouvinte me disse a seguinte frase:

— *Eu estou tão feliz com meu namorado, mas sinto medo do desconhecido, do que pode acontecer.*

Então perguntei:

— O que de pior poderia lhe acontecer?

E ela respondeu apreensiva:

— *Ele poderia me abandonar assim como o meu ex-marido.*

Eu a questionei:

— *Mas isso aconteceu com seu atual namorado?*

Ela respondeu rapidamente:

— *Não, claro que não! Ele nunca me abandonou, nós estamos muito bem.*

Então concluí:

— *Espero que você esteja consciente que quem te abandonou hoje não está mais ao seu lado, portanto o medo que você disse ter do desconhecido é, na verdade, uma idéia que adquiriu de uma experiência já conhecida. O seu novo namoro só vai se realizar na medida em que você o permitir acontecer.*

Assim sendo, acredito que um dos primeiros passos a percorrer para qualquer pessoa que deseja escrever sua História de Sucesso é deixar de se comportar como aquela criança com receio de encontrar o "Bicho Papão" e iluminar seu próprio caminho tirando os possíveis bloqueios que o possam estar impedindo. Isso requer a conscientização de que *IDÉIAS NÃO SÃO FATOS*!

E se no meio do caminho sentir medo, antes de optar em se encolher debaixo do cobertor, por favor, faça como um girassol, procure a luz!

Para refletir

Era uma vez uma corrida de sapinhos. O objetivo era atingir o topo de uma montanha. Havia no local uma multidão assistindo. Começou a competição. Como a multidão não acreditava que os sapinhos pudessem alcançar o alto da montanha, o que eles mais gritavam era: "Que pena!!! Coitados desses sapinhos, eles não vão conseguir! Não! De jeito nenhum eles vão conseguir chegar no seu objetivo!"
E os sapinhos começaram a desistir. Mas havia um que persistia e continuava a subida.
A multidão continuava gritando: "Eles não vão conseguir, é muito difícil!".
E os sapinhos estavam mesmo desistindo um por um, menos aquele sapinho que continuava sua caminhada.
Ao final da competição, assim como a multidão previa, todos desistiram, menos aquele sapinho, que conseguiu chegar ao topo da montanha!
A curiosidade tomou conta de todos. Queriam saber qual o segredo para vencer uma competição tão difícil.
E assim, quando foram perguntar ao sapinho como ele havia conseguido concluir a prova, para a surpresa de todos, descobriram que ele era surdo!

De olho em você!

— Imagine se o sapinho da história acima tivesse acreditado nas idéias da multidão. Você acha que ele realizaria seu objetivo? Se ele não escutou essas idéias de derrota, que pensamentos você acredita que ele tinha no momento da competição que contribuíram com a sua vitória?

— Agora responda sinceramente: O que você mais gostaria de realizar na sua vida se tivesse a certeza da vitória?

— O que lhe impede de procurar realizar essa sua vontade?

Caso sua resposta foi o "medo do que poderá lhe acontecer", muitas vezes esse e outros sentimentos podem estar associados a uma idéia. Nesse sentido, é importante detectar as idéias que estão por trás do sentimentos. Uma das formas que encontrei para me conscientizar que idéias não são fatos foi desenvolver um diálogo interno comigo que contribui muito com a realização da minha História de Vida. Abaixo segue um modelo desse diálogo que você pode estar procurando desenvolver e aperfeiçoá-lo:

Cris, do que você tem vontade, mas está adiando?
Tenho vontade de falar em público.

O que você sente quando se imagina falando em público?
Medo!

Quais as idéias que estão por trás desse sentimento?
Que eu posso gaguejar, esquecer o que vou falar, as pessoas podem não gostar...

Quais os fatos, as evidências que comprovam que essas idéias são reais?
Não há nenhum fato comprovado, pois eu não subi ao palco para falar, portanto não posso afirmar que as pessoas não vão gostar ou que eu vou gaguejar.

"*Se você pensa que pode, ou se pensa que não pode — você está certo.*"

Henry Ford

*Meus pensamentos
tornam-se mais
claros e precisos
na medida em que
me deixo levar
pela minha
própria Sabedoria.*

ð
Investigue-se Mais!

Parabéns!
Você está chegando quase ao final deste livro!
Faço questão de te parabenizar porque a maioria das pessoas não consegue terminar a leitura de um livro e se contenta com a frase: "Não li, mas não gostei". Pelo menos se você disser isso vai ter conhecimento de causa!
Bom, antes de continuar, vamos juntos fazer uma breve retrospectiva.
Nas páginas anteriores, resumidamente, falei de como a *idéia* que tinha sobre o *Sucesso* interferia na realização da minha História de Vida. Enquanto tinha a idéia de que *Sucesso era ter o que queria, estar sempre feliz ou ser reconhecida pelos outros*, sentia-me muito vulnerável nas situações da minha vida, pois ora me sentia um fracasso, ora me sentia um *Sucesso*. Percebendo, então, que uma *História de Sucesso* só poderia ser escrita por

uma pessoa bem-sucedida, busquei encontrar uma outra idéia sobre esse tal de *Sucesso*.

Através do aprendizado que adquiri com minha própria experiência, percebi que *o que mais influenciava na história da minha vida não era o que me acontecia ou como me sentia, mas sim como lidava com tudo isso*. Nesse sentido, o *Sucesso* que tanto buscava fora de mim não dependia apenas do meu *saber* e do meu *fazer*, mas, principalmente, do meu *SER*! Dessa forma, senti a necessidade de cuidar melhor do *autor* da minha própria História de Vida. Passei, então, a não mais me perguntar: *Como TER Sucesso?* Mas sim: *Como SER Sucesso?*

Nesse questionamento compreendi, através de uma simples definição no dicionário, que *SER Sucesso* significava *realizar a minha natureza íntima, colocar em prática as características próprias do meu SER* e, portanto, o resultado da minha *História de Sucesso* estava e sempre esteve dentro de mim!

Observando as histórias das pessoas que considerava bem-sucedidas, percebi que elas tinham uma *habilidade* comum: *a de aproveitar as situações da vida para conhecerem suas potencialidades, seus talentos individuais e, assim, realizar sua História de Sucesso*. No entanto, percebi também que se não tomarmos cuidado, por exemplo, com nossas *idéias ilusórias,* isto é, se considerarmos verdade aquilo que ainda não nos aconteceu, podemos impedir a realização dessa história.

Por isso, *SER Sucesso* é um grande desafio! O desafio para realizar todo nosso potencial inato e nos tornar quem verdadeiramente somos. Portanto, *você só vai se tornar o que é na medida em que conhecer quem verda-*

deiramente é. Nesse sentido, como afirmou Galileu Galilei: "A maior sabedoria é conhecer a si mesmo".

Aí vem a grande questão: "Como posso me conhecer?".

Oras, agora eu te pergunto: "Como você faz para conhecer uma outra pessoa?".

Você se comunica com ela, procura no dia-a-dia saber o que ela pensa, o que ela sente, o que ela deseja, não é mesmo? Então, com você é praticamente a mesma coisa só que, nesse caso, você é ao mesmo tempo o emissor e o receptor dessa comunicação.

Você pode estar pensando: "Mas será mesmo necessário me conhecer?".

Você acha necessário para uma boa qualidade de vida desenvolver sua autoconfiança e seu amor-próprio?

Se a sua resposta for sim, pense comigo: *Como você pode confiar e amar quem não conhece?*

Portanto, não é apenas necessário se conhecer, é ESSENCIALMENTE NECESSÁRIO não só para desenvolver sua autoconfiança e seu amor-próprio, mas por três bons motivos:

Primeiramente, porque *como você quer realizar uma História de Sucesso se você não conhece o autor que a escreve?* Portanto, *para realizar quem você é, em primeiro lugar, é preciso se conhecer.*

Agora pense comigo: *Quando você entra em um lugar novo, seja em uma festa ou em um curso, de quem você procura ficar perto, alguém que você conhece ou um desconhecido?*

Quase sempre procuramos ficar perto de quem conhecemos, não é mesmo? Então, o segundo bom motivo é: *se você não se conhece, diante das novas oportunidades da sua vida, a chance de você se abandonar no meio do caminho é muito grande!*

O terceiro bom motivo, além de tantos outros que você poderá descobrir, é: *se você não se conhece, corre um sério risco de perder muito tempo desejando viver uma história que não é a sua.* E como Epíteto escreveu: "Se você deseja ardentemente o que não é seu, perde o que é seu".

Portanto, se você realmente deseja realizar a "sua" *História de Sucesso*, não a dos seus pais, nem a do seu governo, e muito menos a dos seus amigos, é melhor começar a conhecer a grandeza que há em você, *enquanto há tempo!*

O autoconhecimento é uma viagem única, original, mas ela não precisa necessariamente ser uma viagem solitária. Pelo contrário, você não precisa agora sair correndo para meditar na primeira montanha que encontrar. *As pessoas ao nosso redor podem servir como um espelho para enxergarmos quem fomos, quem somos e quem podemos vir a ser!*

No entanto, preciso confessar que hoje em dia parece que fugimos do encontro com o outro. Um dia eu estava saindo do consultório médico e entrei no elevador, onde havia três pessoas. Do 22º andar para o térreo, eu juro que tentei, mas não consegui trocar um único olhar! As pessoas não sabiam para onde olhar, mas sabiam para onde *não* olhar: dentro dos nossos olhos! Sinto que talvez fazemos isso sem nos dar conta, como uma forma de fugir desse grande desafio, que é o *desafio de nos tornarmos quem verdadeiramente somos!* Percebo que:

Fugimos do amor com medo de não amarmos mais.
Fugimos do sonho com medo de ele não durar mais.
Fugimos do encontro com medo de não encontrarmos mais.
Fugimos da vida com medo de não vivermos mais.
E por não termos a certeza do mais nos contentamos com muito menos!
Portanto, experimente não se contentar com menos, mas a ousar mais:
Ouse acreditar mais.
Ouse confiar mais.
Ouse respeitar mais.
Ouse perdoar mais.
Ouse amar mais.
Ouse sentir mais.
Ouse escutar mais.
Ouse olhar mais.
Ouse falar mais.
Ouse discordar mais.
Ouse concordar mais.
Ouse arriscar-se mais.
Ouse brincar mais.
Ouse sorrir mais.
Ouse chorar mais.
Ouse comprometer-se mais.
Ouse perseverar mais.
Ouse viver mais.
Para assim, Ousar conhecer-se mais!

Para refletir

"A gente se acostuma a morar em apartamentos de fundos e a não ter outra vista que não as janelas ao redor. E como não tem vista, logo se acostuma a não olhar para fora. E como não olha para fora, logo se acostuma a não abrir as cortinas. E como não abre as cortinas, logo se acostuma a acender mais cedo a luz. E à medida que se acostuma, esquece o sol, esquece o ar, esquece a amplidão.

A gente se acostuma a acordar de manhã, sobressaltado, porque está na hora. A tomar café correndo, porque está atrasado. A ler o jornal no ônibus porque não pode perder o tempo de viagem. A comer sanduíches porque já é noite. A cochilar no ônibus porque está cansado. A deitar cedo e dormir pesado sem nem ter vivido aquele dia.

A gente se acostuma a coisas demais para não sofrer. Em doses pequenas, tentando não perceber, vai afastando uma dor aqui, um ressentimento ali, uma revolta acolá. Se o cinema está cheio, a gente senta na primeira fila e torce um pouco o pescoço. Se a praia está contaminada, a gente só molha os pés e sua no resto do corpo. Se o trabalho está duro, a gente se consola pensando no fim de semana. E se no fim de semana não há muito o que fazer, a gente vai dormir cedo e ainda fica satisfeito porque tem sono atrasado.

A gente se acostuma para evitar feridas, para poupar o peito. A gente se acostuma para poupar a vida, que aos poucos se gasta, e que, de tanto acostumar, se perde de si mesma."

Adaptação do poema de *Marina Colasanti*.

Refletindo sobre o capítulo lido e o poema anterior, responda:

— *Estou ousando mais ou me acostumando com menos?*

— *O que preciso para me permitir ousar mais?*

— *Como posso, então, ousar conhecer-me mais?*

"*Nada é mais importante do que conhecer a si mesmo. Depois que consegui saber o que queria e me livrar do que não queria, reconciliei-me comigo mesmo e aprendi a viver em paz em minha própria companhia.*"

Anwart Sadat

"*Ousar é perder o equilíbrio momentaneamente. Não ousar é perder-se.*"

Sören Kierkgaard

Reverencio-me
todos os dias,
buscando no âmago
do meu Ser
a luz que sempre
ilumina
minhas pegadas.

A Grande Revelação

Você conhece aquela pessoa que quando está com alguém percebe que quer ficar sozinha e ao ficar sozinha descobre que queria estar com alguém? Ou então aquela que dedicou boa parte da vida em uma determinada profissão e só mais tarde descobre que gostaria de ter seguido uma carreira completamente diferente?

Podemos perceber nessas pessoas uma tendência a acharem que *sabem* o que querem sem antes *sentirem* o que realmente querem. E correm, assim, um sério risco de viver uma vida sem sentido. Portanto, é fundamental se conscientizar da importância, de antes de se fazer a famosa pergunta "para onde vou?" empenhar-se primeiramente em descobrir "quem sou?". Nesse sentido, o autoconhecimento é fundamental na realização de uma História de Sucesso!

Dessa forma, te convido, a partir de agora, a conhecer um dos caminhos que percorro para *ousar conhecer-me mais*. Digo "um dos caminhos" porque o autoconhecimento é uma jornada muito pessoal com incontáveis caminhos e cada pessoa acaba por descobrir os seus. No entanto, vale a pena compartilhar com você aquilo que chamo *o caminho do SER*.

Nesse caminho desenvolvemos uma minuciosa "escuta pessoal", assim, percorrê-lo torna-se extremamente importante na medida em que nos proporciona um maior autoconhecimento e, conseqüentemente, a realização da nossa verdadeira *História de Sucesso*, pois como Rogers pontuou: "Havendo um maior autoconhecimento torna-se possível uma escolha mais bem fundamentada, uma escolha mais livre de introjeções, uma escolha consciente, mais em sintonia com o fluxo evolutivo".

"Mas como podemos percorrer o Caminho do SER?"

Para percorrê-lo, precisamos passar por três momentos necessários que nos permitem um maior autoconhecimento. São eles:

*S*inta-se...

*E*xplore-se...

*R*ealize-se!

Sinta-se...

Desde criança ouvimos frases do tipo "menino não chora!" ou "é feio sentir raiva". Sendo assim, na maioria das vezes, crescemos *sentindo medo de sentir*, e acabamos reprimindo os sentimentos que consideramos inadequados, mas que são extremamente necessários para nossa plena realização.

Você pode estar pensando: *O quê?! Todos os sentimentos são importantes?! Até mesmo aqueles que procuramos evitar como o medo, a tristeza e a raiva?*

Isso mesmo! Todos os sentimentos são importantes! Pense comigo: Imagine se uma árvore evitasse passar pelo outono por considerá-lo uma estação feia e inadequada. Você acha que ela teria a possibilidade de se desenvolver e se apresentar com novas folhas na primavera? Para nascerem novas folhas na primavera, é preciso que outras caiam no outono. Assim também ocorre com nossos sentimentos: cada um deles pode contribuir no processo de realização da nossa história e, geralmente, por não compreendermos sua importância acabamos os evitando.

Você pode estar se perguntando:

Mas, afinal, por que os sentimentos são tão importantes?

Por um tempo eu também tinha essa questão e encontrei uma resposta mais convincente depois de passar pela seguinte situação:

Ao chegar na rádio, atendi ao primeiro telefonema e falei a famosa frase para o ouvinte: "Conte a sua História de Sucesso!". Uma mulher com uma doce voz começou a falar:

— Bem, há uns anos trabalhava num escritório de advocacia; aos olhos dos outros, era considerada uma mulher muito bem-sucedida, mas dentro de mim sentia-me muito triste. Como aparentemente não encontrava um motivo que justificasse aquele sentimento, por muitos anos fingia que tudo estava bem. Após algum tempo, comecei a me sentir deprimida; em vez de continuar me enganando, preferi assumir o quanto estava infeliz. Aconselhada por um amigo, procurei uma atividade que pudesse me animar. Lembrei que quando era criança adorava pintar. Assim, procurei me distrair num curso de pintura. Para resumir, o final dessa história é que hoje deixei de advogar e me sinto muito realizada com meu novo trabalho: Sou professora de artes! E para mim, sem dúvida alguma, consegui fazer da minha vida uma História de Sucesso!

 Mas o que estou querendo mostrar com esse exemplo?

 Como falei no início do livro, percebi que o que mais influenciava minha história de vida *não era o que me acontecia ou como me sentia, mas sim como lidava com tudo isso*. Nesse exemplo, a ouvinte só foi capaz de conhecer o seu potencial e realizar-se como professora de artes a partir do momento em que aceitou o seu sentimento de tristeza.

Assim sendo, precisamos evitar reprimir os sentimentos por considerá-los errados ou inadequados, até porque, como disse Harriet Rubin: "Aqueles aspectos que você considera contraditórios ou opostos são seus parceiros vitoriosos".

Nesse processo, rumo ao autoconhecimento, *não há forma melhor para lidar com nossos sentimentos do que aceitá-los.* Porque eles, por mais dolorosos que possam parecer, *são a chave para entrarmos em contato com nossas reais vontades.*

A partir de agora, quando sentir-se triste, desiludido, como se estivesse sentindo dificuldade em encontrar uma luz no final do túnel, antes de escolher reprimir esses sentimentos, lembre-se de que é exatamente na *escuridão* que as estrelas brilham mais!

Explore-se...

Por que é tão importante ouvirmos e aceitarmos os sentimentos?

Porque, na maioria das vezes, *por trás de um sentimento há uma vontade pedindo para ser realizada.*

No exemplo citado, podemos perceber que por trás de toda *tristeza* relatada pela ouvinte havia uma *vontade* de realizar seu talento até então desconhecido.

Portanto, *ao aceitarmos os sentimentos, podemos explorá-los a fim de detectarmos a vontade que o gerou.*

Nesse sentido, compreendemos a importância dos sentimentos na construção da nossa História de Vida, na medida em que eles podem *revelar a vontade de realização do nosso potencial, dos nossos verdadeiros talentos.*

Realize-se...

Ao aceitar nosso *sentimento* e, através da sua exploração, detectar a *vontade* que o gerou, podemos encontrar *alternativas para realizá-lo*. No caso dessa ouvinte, ela foi capaz de encontrar na *pintura* uma das formas de começar a sentir-se mais realizada.

Portanto, se não *aceitamos* nossos sentimentos, não podemos *explorá-los* e, conseqüentemente, perdemos a oportunidade de *encontrar alternativas concretas* para satisfazer nossas reais necessidades.

Mas qual a relação do caminho do SER com uma História de Sucesso?

A partir do momento que nos permitimos *Sentir*, podemos *Explorar* os sentimentos e, assim, encontrar formas de *Realizar*, em minha opinião, a maior vontade de nossa existência: a de nos tornarmos *quem verdadeiramente somos!*

Nesse sentido, o *caminho do SER*, por proporcionar um maior autoconhecimento, é um dos caminhos que encontrei para a realização de uma vida bem-sucedida. Pois como afirmou Solon: "Procura dentro de ti mesmo e lá encontrarás tudo".

No meio do caminho, rumo à realização da sua História de Sucesso, muitas vezes você também poderá sentir-se triste, acreditando que não é capaz de realizar seus verdadeiros ideais. No entanto, *é importante ter a consciência de não deixar quem você é impedir a realização de quem você possa vir a SER e, assim, permitir o aflorar da sua própria beleza no jardim da vida.*

Para refletir

"Se eu pudesse viver novamente a minha vida...

... Correria mais riscos, viajaria mais, contemplaria mais entardeceres, subiria mais montanhas, nadaria mais rios.
Iria a mais lugares onde nunca fui, tomaria mais sorvete e menos lentilha, teria mais problemas reais e menos problemas imaginários...

... Mas, se pudesse voltar a viver, trataria de ter somente bons momentos.
Porque, se não sabem, disso é feita a vida, só de momentos, não percas o agora.
Eu era um desses que nunca ia a parte alguma sem um termômetro e uma bolsa de água quente, um guarda-chuva e um pára-quedas; se voltasse a viver viajaria mais leve.
Se eu pudesse voltar a viver...

... Daria mais voltas na minha rua, contemplaria mais amanheceres e brincaria com mais crianças, se tivesse outra vez uma vida pela frente."

Trechos do poema de *Nadine Stair.*

— Você tem uma vida pela frente! E ela está agora em suas mãos!

Como você vai escolher vivê-la?

Atenção!

Antes de responder essa questão eu tenho um boa notícia para você:

No próximo e último capítulo prepare-se para encontrar a sua História de Sucesso...

9

(◆◆◆)

Surpreso em encontrar a página em branco?

Bom, é só para te lembrar que essa História não pode ser escrita por mais ninguém a não ser pelo seu verdadeiro autor.
Neste sentido, vale a pena sempre se perguntar:

Quem é o autor da minha História de Vida?

Essa resposta vai estar sempre dentro da pessoa que você enxerga ao se olhar no espelho!

As bênçãos que habitam o meu Ser são incontáveis como as estrelas do firmamento!

Dicas para a sua Biblioteca

ANDREAS, Connirae & ANDREAS, Steve. *A Essência da Mente.* São Paulo, Summus, 1993.

ARANHA, Maria Lúcia de Arruda & MARTINS, Maria Helena Pires. *Filosofando — Introdução à Filosofia.* São Paulo, Moderna, 1993.

BERGAMINE, Cecília Whitaker. *Motivação nas Organizações.* São Paulo, Atlas, 1997.

BRANDEN, Nathaniel. *Auto-estima — Como Aprender a Gostar de Si Mesmo.* São Paulo, Saraiva, 1999.

―――. *Auto-estima e seus Seis Pilares.* São Paulo, Saraiva, 1998.

BECK, Aaron T. *Terapia Cognitiva da Depressão*. São Paulo, Artes Médicas, 1997.

BUENO, Silveira. *Dicionário da Língua Portuguesa*. São Paulo, FTD, 1996.

BUSCAGLIA, Leo. *Amor — Um Livro Maravilhoso sobre a Maior Experiência da Vida*. Rio de Janeiro, Nova Era, 1996.

—————. *Assumindo a sua Personalidade*. Rio de Janeiro, Nova Era, 1997.

—————. *Vivendo, Amando e Aprendendo*. Rio de Janeiro, Nova Era, 1998.

CANFIELD, Jack. *The Power of Focus. Healthy communications*. Florida, 2000.

CHOPRA, Deepak. *O Caminho para o Amor*. Rio de Janeiro, Rocco, 1999.

CHUNG, Tom. *A Qualidade Começa em Mim: Manual Neurolingüístico de Liderança e Comunicação*. São Paulo, Tempo Maltes, 1999.

CRAXI, Antonio & Sylvie. *Os Valores Humanos — Uma Viagem do "Eu" ao "Nós"*. São Paulo, Meca, 1995.

CREMA, Roberto. *Saúde e Plenitude — um Caminho para o Ser*. São Paulo, Summus, 1995.

GASPARETO, Luis Antonio. *Atitude, Vida e Consciência*. São Paulo, s/d.

GOLEMAN, Daniel. *Inteligência Emocional*. Rio de Janeiro, Objetiva, 1995.

GRAY, John. *How to Get What You Want and Want What You Have.* New York, Harper Collins,1999.

―――――. *What you feel you can heal.* California, Heart,1994.

HARRIET, Ruben. *A Princesa — Maquiavel para Mulheres.* Rio de Janeiro, Campus, 1997.

HILLMAN, James. *O Código do Ser.* Rio de Janeiro, Objetiva, 1997.

JACQUARD, Albert. *Filosofia para não Filósofos.* Rio de Janeiro, Campus, 1998.

LELLOUP, Jean Yves. *Caminho da Realização.* Petrópolis, Vozes, 1998.

―――――. *Cuidar do Ser.* Petrópolis, Vozes, 1998.

MARTINELLI, Marilu. *Aulas de Transformação.* São Paulo, Peirópolis, 1996.

―――――. *Conversando sobre Educação em Valores Humanos.* São Paulo, Peirópolis, 1999.

MASI, Domenico de. *O Ócio Criativo.* Rio de Janeiro, Sextante, 2000.

MILITÃO, Albigenor & MILITÃO, Rose. *S.O.S. — Dinâmica de Grupo.* Rio de Janeiro, Qualitymark, 1999.

OSHO. *Sementes de Sabedoria.* São Paulo, Gente, 1999.

PERUCCINI, Ronaldo. *Tempo Para Tudo.* São Paulo, Madras Business, 2000.

PUEBLA, Eugenia. *Educar com o Coração.* São Paulo, Peirópolis, 1992.

RHODEN, Humberto. *Educação do Tempo Integral.* São Paulo, Martin Claret, 1969.

ROGERS, Carl. *Em Busca de Vida.* São Paulo, Summus, 1983.

—————. *Tornar-se Pessoa.* São Paulo, Martins Fontes, 1977.

ROBINS, Anthony. *Desperte o Gigante Interior.* Rio de Janeiro, Record, 1997.

SANTO AGOSTINHO. *Confissões.* São Paulo, Paulus, 1984.

STEINER, Claude & PERRY, Paul. *Educação Emocional.* Rio de Janeiro, Objetiva, 1998.

THARWALD, Dethlefsen & DAHLKE, Rudiger. *A Doença como Caminho.* São Paulo, Cultrix Ltda., 1999.

VISCOTT, David. *A Linguagem dos Sentimentos.* São Paulo, Summus, 1982.

ZOHAR, Danah. *O Ser Quântico.* São Paulo, Nova Cultural, 1990.

WEIL, Pierre. *Relações Humanas na Família e no Trabalho.* Rio de Janeiro, Petrópolis, Vozes, 1971.

MADRAS® Editora — CADASTRO/MALA DIRETA

Envie este cadastro preenchido e terá todas as informações dos nossos lançamentos, nas áreas que determinar.

Nome _____
Endereço Residencial _____
Bairro _____ Cidade _____
Estado _____ CEP _____ Fone _____
Sexo ☐ Fem. ☐ Masc. Nascimento _____
Profissão _____ Escolaridade (nível) _____

Você compra livros:
☐ livrarias ☐ feiras ☐ telefone ☐ reembolso postal
☐ outros: _____

Quais os tipos de literatura que você LÊ:
☐ jurídicos ☐ pedagogia ☐ romances ☐ técnicos
☐ esotéricos ☐ psicologia ☐ informática ☐ religiosos
☐ outros: _____

Qual sua opinião a respeito desta obra? _____

Indique amigos que gostariam de receber a MALA DIRETA:
Nome _____
Endereço Residencial _____
Bairro _____ CEP _____ Cidade _____

Nome do LIVRO adquirido: S.E.R. – Sinta... Explore... Realize suas potencialidades

MADRAS Editora Ltda.
Rua Paulo Gonçalves, 88 – Santana
02403-020 – São Paulo – SP
Caixa Postal 12299 – 02098-970 – SP
Tel.: (0_ _11) 6959.1127 – Fax: (0_ _11) 6959.3090
http://www.madras.com.br

Para receber catálogos, lista de preços
e outras informações escreva para:

MADRAS®
Editora

Rua Paulo Gonçalves, 88 — Santana
02403-020 — São Paulo — SP
Tel.: (0_ _11) 6959.1127 — Fax: (0_ _11) 6959.3090
http://www.madras.com.br